Pedidos @o
UNIVERSO

Victoria Beaumont

Pedidos @o
UNIVERSO

© Publicado em 2013 pela Editora Isis Ltda.
Traduzido do Original: *Encargos al Universo*

Supervisor geral: Gustavo L. Caballero
Tradução de textos: Maria Lucia Acaccio
Capa e Diagramação: Décio Lopes

Dados de Catalogação da Publicação

Beaumont, Victoria
Pedidos @o Universo/Victoria Beaumont | 1ª edição | São Paulo, SP | Editora Isis, 2013.
ISBN: 978-85-8189-027-2
1. Literatura Estrangeira 2. Autoajuda I. Título.

Proibida a reprodução total ou parcial desta obra, de qualquer forma ou por qualquer meio seja eletrônico ou mecânico, inclusive por meio de processos xerográficos, incluindo ainda o uso da internet sem a permissão expressa da Editora Isis, na pessoa de seu editor (Lei nº 9.610, de 19.02.1998).

Direitos exclusivos reservados para Editora Isis

EDITORA ISIS LTDA
www.editoraisis.com.br
contato@editoraisis.com.br

ÍNDICE

Introdução 7

Uma mudança definitiva 11

O que é felicidade? 13

O que se pode pedir? 17

A mente consciente e a mente subconsciente 21

O primeiro passo 27

Deus é a fonte e a origem de tudo o que é bom 29

O dinheiro 33

O mestre tibetano 35

De que maneira funciona tudo isso? 39

O que fazer? 45

    Primeiro passo: *47*

    Segundo passo: *49*

Advertência 61

A oração 65

Ajuda 69

INTRODUÇÃO

Uma das maiores desgraças que têm angustiado o homem em todas as épocas é, sem dúvida, a ignorância.

Nos campos da atividade humana, onde a ignorância está mais patente e reconhecida, destaca-se o funcionamento e a utilização das nossas capacidades cerebrais do hemisfério direito; em outras palavras, da chamada mente subconsciente.

Faz muitos anos escrevia Robert Updegraff:

Não é tanto a carência do poder cerebral, da capacidade ou astúcia, o que impede ao homem à progressão mais rápida em direção aos seus objetivos.

É porque somente utiliza a metade de sua mente.

O resultado é que esforça demasiadamente sua mente consciente, demasiadas horas ao dia e demasiados dias ao ano.

Sentimo-nos virtuosos por trabalhar tanto e com tanto empenho que ficamos esgotados, quando o que deveríamos sentir é vergonha por trabalhar tanto, conseguir tão pouco e ficar cansados mentalmente.

Outra área não menos importante da experiência humana onde a ignorância se intensifica com o passar dos séculos é a que se refere à inter--relação do homem com as forças que regem e governam o Universo, com os planos superiores da existência, com a divindade: com Deus.

Tabu para a ciência, incrédula, desinteressadamente tratado pela filosofia e grosseiramente monopolizado pelas distintas religiões, o tema da possível relação e inter-relação do homem com a divindade é um dos menos estudados na nossa cultura de finais de século XX.

A presente obra põe de manifesto uma surpreendente conexão entre estes dois campos:

o nível mental chamado de *subconsciente,* que constitui um canal de comunicação, em porta permanentemente aberta que nos põe em contato com os níveis mais elevados da existência, com a divindade.

Sem menosprezar sua evidente utilidade prática, as simples instruções contidas neste livro cumprirão a importante função de avivar no leitor a chama espiritual, para mostra-lhe um caminho fácil e direto que permitirá estabelecer uma comunicação, sem intermediários de qualquer tipo, com a inteligência que governa o universo, com o transcendente.

John Greensfield

UMA MUDANÇA DEFINITIVA

Neste mundo existem milhares de milhões de pessoas que desejariam experimentar uma reviravolta definitiva em suas vidas.

Com frequência pensam e falam sobre isto.

Trabalham com a intenção de melhorar, chegando até os limites de suas forças; entretanto são muito poucos os que realmente conseguem sair de sua triste condição.

Se você está entre estes milhões de pessoas e se verdadeiramente quer superar definitivamente sua situação atual, pode considerar-se afortunado.

Os planos superiores da existência têm escutado seus pedidos e têm respondido a eles.

Este livro, de pequeno tamanho, porém grande de conteúdo, é uma resposta às suas necessidades.

Leia com atenção, porque o ensinará como conseguir que, a partir de agora, sua vida seja a expressão da abundância, do sucesso, da riqueza, da proeperidade e da felicidade que sempre sonhou ter.

O Sucesso e a prosperidade são atributos espirituais que nos pertencem a todos, ainda que nem todos saibam como fazer uso deles.

Se seguir passo a passo estes ensinamentos, esta obra o ajudará a conseguir tudo o que deseja: abundância, dinheiro, sucesso, amor e bem-estar; o ajudará a potencializar suas faculdades espirituais e desenvolver seus talentos artísticos, científicos ou profissionais. Numa palavra, o ajudará a conseguir a total e mais completa felicidade.

O QUE É FELICIDADE?

Todos nós, em maior ou menor grau, têm experimentado, algumas vezes, momentos de felicidade. Sua duração foi inevitavelmente breve.

Muito rapidamente, aquele estado anímico tão especial foi se apagando, para dar espaço novamente ao descontentamento, ao estresse, ao cansaço e à dor.

Neste mundo podemos desfrutar de dois tipos de felicidades. A mais comum, que, apesar disso acontece muito raramente, é aquela intensa e maravilhosa sensação que experimentamos ao culminar algum desejo largamente acalentado, ou ao satisfazer alguma necessidade ou alguma carência, ao finalizar alguma dor física ou anímica, ao nos reunirmos com a pessoa amada depois de uma longa ausência, ou ao receber o reconhecimento por nosso trabalho, ao resolver algum problema, ao driblar algum perigo, ou ao alcançar uma meta.

Esta felicidade costuma ser de muito curta duração, e rapidamente vai se desfazendo até desaparecer quase por completo.

Todos nós já desejamos algo durante muito tempo, talvez meses ou mesmo anos: seja um brinquedo, a finalização de estudos, a aceitação da pessoa amada ou a promoção profissional. Imaginamos que, uma vez conseguidos os objetivos de nossos desejos, a vida seria para sempre diferente; contudo, a euforia dos primeiros momentos, muito rapidamente, costuma chegar ao desencanto.

Existe outro tipo de felicidade muito mais estranho ainda.

Um estado mental permanente.

Uma maneira de afrontar a vida que nos faz desfrutar de cada instante, de cada segundo de nossa existência.

*Uma permanente sensação interior de paz,
de tranquilidade e de bonança.*

*A compreensão profunda da realidade, mais
além das aparências.*

*A sabedoria no mais elevado sentido da
palavra.*

Esta é a felicidade que todos, antes ou depois, um dia chegamos a considerar como o objetivo de nossas vidas.

No entanto, qualquer que seja o tipo de felicidade que tenha em mente, ou qualquer que seja o objeto ou situação que pretende alcançar, esteja certo de que poderá consegui-lo se seguir fielmente as instruções deste livro e sempre que os seus desejos não venham ao encontro dos planos da natureza e de Deus, e que sua materialização beneficie ou, pelo menos, não prejudique a todos e cada um dos implicados.

O QUE SE PODE PEDIR?

Praticamente não existem limites para os bens que se podem pedir, e obter, com este sistema, seja saúde, bens materiais ou espirituais: uma casa melhor, um carro novo, sucesso no trabalho ou nos negócios, viagens, novos relacionamentos, dinheiro etc. etc.

Porém, é de suma importância não perder de vista, jamais, que, qualquer que seja o bem pedido, não constituirá nada mais que um meio para conseguir sua felicidade.

Quer dizer que o objetivo real sempre será sua felicidade, seja qual for a concepção que tenha dela;

e todas as coisas que peça não serão senão um meio para conseguir o fim do que tanto deseja.

É muito importante levar em consideração isto, pois são muitas as pessoas que arruinaram suas vidas quando obtiveram precisamente aquilo que pediram. Alguns pediram grandes somas em dinheiro, mas deterioraram irreversivelmente sua saúde.

Outros recuperaram a sua saúde à custa do dinheiro e da felicidade de suas famílias.

Não faltam aqueles cuja consecução de seus desejos trouxe problemas inclusive legais, perda da liberdade e grande desprestígio social.

Todos eles se esqueceram de que o que realmente desejavam era a felicidade e que os objetos pedidos eram tão-somente um meio para conseguir seu objetivo real: a felicidade.

Não se conforme com algo parcial.

Todos podem conseguir a prosperidade.

Qualquer que seja nossa situação atual.

Quando o homem conhece as leis da existência e as obedece, domina sobre todas as coisas.

> *Estas leis lhe permitirão conseguir a prosperidade, o sucesso e a felicidade sem interferir nas oportunidades e nem nos direitos dos demais.*
>
> **Emmet Fox.**

Todos, sem qualquer exceção, desejamos a felicidade e a prosperidade material; porém no método que aqui apresento não é suficiente desejar algo: tem que ser pedido expressamente.

Tudo aquilo que se pede, de acordo com as leis universais que regem a mente subconsciente, sempre será concedido.

A MENTE CONSCIENTE E A MENTE SUBCONSCIENTE

Nossa mente tem dois departamentos, dois níveis.

O mais conhecido destes é o nível consciente. É o que se utiliza ao ler este livro e o que se usa para tomar múltiplas decisões em cada dia.

O nível consciente da mente costuma associar-se ao hemisfério esquerdo do cérebro e é nutrido pelas informações que recebe através dos cinco sentidos: tato, audição, visão, paladar e olfato; a partir dessas informações, elabora distintas opções, decide qual delas será a mais adequada e dita as ordens precisas para que o corpo realize os movimentos necessários.

Esse nível mental é aquele que você utiliza para a comunicação verbal com os demais e para qualquer ato voluntário.

O nível subconsciente da mente, associado ao hemisfério cerebral direito, é o que controla as funções internas do corpo, tais como o trabalho do fígado, rins, batidas do coração, funções glandulares etc. É o responsável por distribuir o sangue e os alimentos a todos os órgãos, tecidos e células do corpo; é, numa palavra, o que nos mantém vivos.

Além dessas funções orgânicas, a mente subconsciente se encarrega de todos aqueles atos que, por serem constantemente repetidos, não precisam da permanente atenção da vontade, pois se realizam de uma forma quase totalmente mecânica, poupando energia.

As primeiras vezes em que nos sentamos à frente do volante de um carro utilizamos o consciente para exercer todas as manobras e demais atos que integram a condução: enquanto manobramos o volante nos esforçamos em manter a vista fixada na estrada, coordenando os movimentos dos pés sobre o acelerador, o freio e a embreagem com as mudanças de marchas, que são realizadas com a mão direita.

Trinta minutos de condução costumam ser muito cansativos.

Com o passar do tempo, todos estes atos passam a exigir apenas a conduta automática, que não requer nada mais, que o nível consciente da mente, podendo este, enquanto dirigimos, se dedicar a pensar em outras coisas como admirar a paisagem ou manter uma conversa com nossos acompanhantes.

Este mesmo processo tem lugar na maioria de nossos atos: caminhar, vestir, comer, tomar banho e escovar os dentes ou escrever uma carta.

Numa pessoa adulta as ações mecânicas governadas pela mente subconsciente costumam representar mais de 98% de todos os atos.

A mente subconsciente registra, ainda, todas as impressões captadas pelos sentidos, desde o dia do nosso nascimento, inclusive aquelas que não foram advertidas em seu momento pela mente consciente, e também nossos pensamentos e todas as nossas idéias.

Ao mesmo tempo, é ela quem ordena e coordena os atos reflexos, que nosso corpo usa para agir com rapidez inusitada perante alguma situação de perigo com a finalidade de manter a integridade física do organismo.

E se ainda fosse pouco, falta a mais misteriosa e importante das numerosas funções que realiza a mente subconsciente: é a que nos mantém conectados com os planos superiores da existência.

Dessa maneira, a mente subconsciente, também chamada por alguns de Mente Profunda, Mente Criativa, Mente Universal, é o canal através do qual estamos em sintonia com a Divindade, com a fonte de toda a riqueza, com a origem da abundância do Universo, com nosso Ser superior, com o *EU SOU*, com nosso Ser Divino; numa palavra, com Deus.

Desse modo, o ser humano é como um *iceberg* do qual apenas uma pequena e diminuta porção é visível, enquanto a maior parte do volume está oculta por baixo da água, permanecendo desconhecida e insuspeitada.

O interessante é que é através dessa parte oculta que estamos conectados, direta e permanentemente, com a Origem de toda a abundância, com a Força que criou e que mantém a totalidade do Universo.

O maior descobrimento que podemos fazer é o de sermos conscientes da infinita felicidade e infinita Sabedoria da Divindade, que está sempre a nossa disposição.

Essa Infinita Sabedoria lhe permitirá resolver todos e qualquer problema, vencer todos os obstáculos na sua vida e ainda dominar adequadamente todas as situações por mais difíceis que pareçam em sua vida.

Você nasceu para conquistar; e para isso está equipado com todas as qualidades, os atributos e as potencialidades necessárias para dominar o rumo de sua existência.

Quem não reconhece estes poderes espirituais estará sendo controlado e governado pelos atos e condicionamentos do mundo.

Ficará exposto à dispersão e terá um conceito muito baixo de si mesmo.

A causa da sua ignorância exaltará o poder das circunstâncias, pois não estará consciente das tremendas possibilidades que encerra em seu interior e que poderiam, facilmente, elevá-lo ao seu estado natural de abundância, felicidade, saúde, liberdade e alegria de viver.

O PRIMEIRO PASSO

Independentemente de como queiramos chamar toda essa Riqueza Infinita, o fato é que ela está em constante comunicação com sua mente consciente, sempre que não estiver contra os planos Divinos, não prejudique a ninguém e seja apresentada de forma adequada.

O primeiro e mais importante passo é em direção a essa nova situação, quer dizer, para o que realmente você quer. Isto não é nada fácil.

Uma vez conseguido que sua mente consciente decida o que é exatamente o que deseja obter, você terá dado o primeiro passo em direção a sua conclusão.

Os desejos ocasionais ou as coisas que se pedem pela metade não impressionam o suficientemente a nossa mente subconsciente para que a Riqueza Infinita que está atrás dela forneça o desejado.

Tem que desejar com toda sinceridade e suplicar com todas as forças aquilo que realmente você quer conseguir, seja de índole física, mental ou espiritual.

Nossa mente consciente e nossa vontade costumam, às vezes, ser tão vacilantes, inquietantes e pouco constantes, que geralmente não sabemos o que realmente queremos e, desta forma, a Riqueza Infinita que está atrás do nosso subconsciente não entra em funcionamento.

A maioria de nossos desejos costuma limitar-se a simples expressões verbais.

Se de verdade quer mudar sua situação atual, siga este plano que vou mostrar: siga-o ao pé da letra, passo a passo, e sua vida se transformará totalmente.

DEUS É A FONTE E A ORIGEM DE TUDO O QUE É BOM

Você sente algum tipo de aversão pela abundância?

Atrai-lhe a idéia de ser rico?

A palavra riqueza faz você feliz ou infeliz?

Se sua resposta a estas perguntas deixa-o duvidar, é urgente fazer uma revisão de seu sistema de crença em Deus.

A Riqueza não é outra coisa que a manifestação da energia criativa de Deus.

Deus é a riqueza onipresente e infinita do Universo, a maravilhosa abundância da criação.

Se você se fecha à prosperidade ilimitada você está se fechando a Deus também e a você mesmo, pois você não é senão a imagem de toda essa abundância onipresente, a expressão de toda a riqueza do mundo.

Deus é seu Pai e Pai e Filho é só um.

Sua verdadeira natureza é a abundância, apenas precisa estar consciente dela e eliminar todo pensamento de limitação, restrição e carestia.

A Abundância Infinita está já atuando dentro de você através de sua mente subconsciente.

É necessário dar o tempo necessário e não bloquear seu desenvolvimento com pensamentos negativos; dessa forma, em seu devido tempo, terá tudo o que tenha pedido.

Deus não quer pessoas ricas. Na consciência de Deus não há carências, limitações nem pobreza. Nascemos todos para sermos ricos.

Somos filhos da Infinita Abundância do Universo.

Deus é a fonte de toda a Riqueza, Abundância e também a mesma Abundância; o

homem é seu receptor; Deus está no nosso interior, o que significa que todo esse tesouro da Infinita Riqueza está dentro de nós e, ao mesmo tempo, também ao nosso redor.

Se aprendermos as leis da mente poderemos extrair desse inesgotável depósito de riquezas tudo quanto necessitarmos para viver gloriosamente, com alegria e abundância.

Joseph Murph
(Your Infinite Power to be Rich)

Contudo, as riquezas mundanas têm sido tímidas, depreciadas, condenadas e inclusive odiadas pelos aspirantes espirituais de diversas épocas, pois eles desconheciam a maneira de possuí-las sem ser, ao mesmo tempo, possuídos por elas.

Essa atitude de ignorância não é menos errada que sua oposta: a avareza, o culto ao dinheiro e o pânico de perder os bens materiais.

Você está aqui para ocupar o lugar que verdadeiramente lhe corresponde na vida e para beneficiar o mundo com seu talento.

Para desenvolver sua personalidade e crescer de acordo com o plano divino e para criar abundantes riquezas espirituais mentais e materiais, que poderão beneficiar a humanidade de múltiplas formas.

O DINHEIRO

É necessário aprender a pensar no dinheiro da mesma forma que pensa nas folhas e nos frutos das árvores: como um resultado inevitável de uma potente atividade oculta.

Ainda que no inverno as árvores pareçam secas, sabemos que a poderosa lei que opera no seu interior fará com que, ao chegar a primavera, se cubra de folhas e, pouco depois, de frutos.

Por pior que seja a situação econômica num determinado momento da sua vida, não se deixe levar pelo desespero; deve ter presente que sua mente subconsciente está trabalhando para manifestar em você a riqueza que, de uma forma muito natural, fluirá desde a Infinita Abundância Universal que existe e que está continuamente conectada a sua mente subconsciente.

Precisa levar em consideração que o dinheiro não é um efeito.

Você não deve estar concentrado unicamente no efeito, pois corre o risco de esquecer-se da causa e, então, o efeito começará a desaparecer.

Se concentrar sua atenção unicamente na obtenção de dinheiro, estará se comprometendo e pondo tudo em perigo.

Lembre-se que o dinheiro é a materialização da energia viva e amorosa da divindade e que, quanto maior for a realização e a expressão do amor mais facilmente chegará tudo de quanto necessita para seguir adiante com seu trabalho.

O MESTRE TIBETANO

(A EXTERIORIZAÇÃO DA HIERARQUIA)

Deixe de pensar já que o dinheiro é tudo, que é sua salvação, sua tranquilidade e sua segurança. Não será o dinheiro que lhe trará tudo isso, senão Deus!

Quando perceber profundamente esta verdade, a energia divina fluirá sem interrupção através de sua mente subconsciente, manifestando-se de uma maneira perfeita e abundante.

Isto é muito importante: estar totalmente concentrado na fonte, na origem, em Deus.

Qualquer outro modo ou programa "místico" cuja finalidade seja obter dinheiro estará destinado ao fracasso.

No entanto, esse mesmo método utilizado para desvendar as causas e os efeitos espirituais da abundância gerará substanciosos benefícios, tanto espirituais como materiais.

A riqueza espiritual, seja visível ou invisível, pode-se conseguir somente através da consciência.

Uma vez esclarecido isso, você não deve ter qualquer tipo de receio em pôr todos os meios ao seu alcance para conseguir o bem-estar econômico e financeiro.

Assim estará aumentando o bem-estar do mundo.

O bem-estar da humanidade deve começar forçosamente com o bem-estar do indivíduo que pratica, nesse caso, com você.

Quando tudo melhora para você, estará melhorando também para o resto do mundo.

Quando aumenta sua situação financeira, também estará de alguma maneira, melhorando a situação financeira do mundo.

Lembre-se de que todos somos um, que cada um de nós é uma onda do mesmo oceano e que a clara consciência de um indivíduo sobre a abundância e o bem-estar espalhará mais luz sobre o mundo. Por tudo isso, se desejar melhorar o mundo, comece por você mesmo!

DE QUE MANEIRA FUNCIONA TUDO ISSO?

Toda criatura, toda forma e todo processo existente neste mundo é a manifestação visível de um pensamento da Inteligência Infinita Universal.

Quando esta Inteligência pensa num fato, o vê já realizado, e automaticamente seu pensamento adota a forma desse fato.

Foi assim que foram criadas todas as formas do Universo.

Vivemos num mundo onde os nossos pensamentos são materializados.

Por isso, tanto para fazer que a abundância chegue até as nossas vidas como para resolver qualquer problema que se nos apresente, teremos que nos apoiar nos pensamentos visualizados de abundância e do sucesso.

Sua mente subconsciente está permanentemente em contato com a Fonte da Abundância e Prosperidade Infinitas, que, além disso, estão sempre desejando ajudá-lo a incorporar em sua vida todas as suas qualidades.

Tudo que você precisa fazer é gravar em sua mente subconsciente as imagens daquilo que deseja conseguir da forma mais detalhada e clara possível.

Qualquer imagem que de modo claro e definido consiga imprimir em sua mente subconsciente atrairá da Fonte da Abundância Infinita toda a energia de que necessitar para materializar este desejo no mundo físico, para transformar-se em realidade perceptível pelos sentidos.

Tudo aquilo que visualizarmos tende a se materializar.

O Evangelho Apócrifo de Felipe dá testemunho desse fato transcendental:

"Naquilo que vês, te converterás".

Num livro famoso escrito em 1977 chamado ***"Caixa para a alma"*** existe um curioso relato de Glenna Salsbury, que naquele ano encontrava-se totalmente só, com três crianças para cuidar e duas grandes dívidas para pagar todos os meses, a da casa e a do seu carro.

Uma tarde, assistindo a um programa de TV em que um conferencista expunha o princípio de I+IE=R (Imaginação com Intensidade de Expressão se transforma em Realidade), a pessoa que dava a palestra insistia em afirmar que a mente subconsciente capta as imagens muito melhor que as palavras, de forma que, se conseguirmos imprimir com clareza as imagens daquilo que desejamos, por força se converterá em realidade.

A Sra. Glenna Salsbury, logo após ter escutado o palestrante, pôs mãos à obra.

Decidida a converter em realidade a lista de desejos, dedicou-se a cortar e reunir fotos de revistas antigas que representavam tudo aquilo com o que ela sonhava, colocando-as seguidamente num lindo álbum.

Entre as fotos escolhidas estava:

- *Um homem de agradável aparência.*
- *Uma mulher, ela própria, vestida de noiva, junto ao homem de terno preto.*
- *Muitas flores.*
- *Diamantes.*
- *Uma ilha no Caribe.*
- *Uma linda casa.*
- *Uma mulher, ela outra vez, sendo nomeada vice--presidenta de uma importante companhia.*

Dois meses se passaram.

Então conheceu aquele que um ano depois se converteria em seu marido.

Seu hobby preferido era colecionar diamantes, sua paixão, dar rosas de presente.

Casaram-se em Laguna Beach, Califórnia, com as mesmas roupas com que ela tinha sonhado.

A Lua de Mel foi numa formosa ilha do Caribe.

Um ano depois mudaram de residência; a casa era a que tinha imaginado; após seis meses, foi nomeada vice-presidenta de uma companhia de seguros, sendo a primeira mulher a ocupar este cargo na história da empresa.

Glenna termina seu relato aconselhando a todos que coloquemos nossos desejos em imagens da maneira como ela o fez, pois, seguindo este simples método e sabendo que a mente subconsciente que grava nossas imagens está conectada constantemente com a Fonte de toda a Abundância, não existem sonhos que não se realizem.

O QUE FAZER?

Poderia ter multiplicado a quantidade de enfoques sobre este tema e também poderia ter incluído numerosos exemplos de pessoas que conseguiram seus desejos de abundância, saúde e felicidade. Porém, este livro ficaria muito mais volumoso, e naturalmente muito mais caro. Consequentemente menos pessoas poderiam ler e se beneficiar dele. Por esta razão transmito este conhecimento da maneira mais clara e concisa

Se realmente você estiver decidido, tudo o que precisa fazer é seguir todos os doze passos seguintes:

PRIMEIRO PASSO:

Escreva em um pedaço de papel, a caneta, ordenadamente, pela sua importância, todas as coisas ou situações que deseja conseguir e que você acredita que vai trazer mais felicidade.

Não tenha medo de escrever em demasia todos os seus desejos e todas as suas necessidades.

Posteriormente, você pode alterar a lista, incluindo ou eliminando coisas, até que, por fim, a relação de pedidos seja final e definitiva.

Não fique preocupado com tanta mudança: é natural; sempre haverá, na medida em que alguns desejos são atendidos e outros novos apareçam.

Assim, quando tiver a lista terminada, deverá fazer um esforço e dedicar o tempo necessário para formar em sua mente consciente uma imagem, o mais real e completa possível, de cada pedido, situação e objetos incluídos. Se para você fica difícil visualizar algum objeto ou compô-lo mentalmente, faça como Glenna Salsbury: desenhe, pinte, ou busque outra forma de conseguir uma imagem gráfica, o mais exata possível, de tudo aquilo que deseja ter na realidade; uma vez conseguida esta imagem, ela por si só estará se gravando na sua mente.

SEGUNDO PASSO:

Três vezes ao dia, dedique uns minutos para observar as imagens mentais daquilo que quer conseguir, ou de fotos de algum álbum que tenha confeccionado: de manhã, ao meio dia e de noite, antes de ir dormir. Lembre-se: o que está procurando fazer é que fiquem gravadas perfeitamente as imagens em sua mente consciente.

Dessa forma, passarão para a mente inconsciente; e toda a Divina Abundância que existe em você começará a trabalhar sobre elas, com a finalidade de trazê-las para a realidade física.

É muito importante que, antes de dormir, faça uma visualização de todos os desejos.

Está demonstrado que o maior trabalho da mente subconsciente tem lugar enquanto sua contraparte consciente descansa, isto é, durante o sono.

É precisamente neste momento que a comunicação com os planos superiores da existência, o **EU SOU**, com Deus, é mais real. Por isso, é tão importante que o sono chegue para você com a mente consciente ocupada com as imagens de seus desejos.

Assim, na escuridão da noite, enquanto o corpo descansa, as mais poderosas forças do Universo estarão trabalhando para você.

O grande sábio hindu Sri Nisargadatta Maharaj dizia:

> **"Não durma sendo escravo de sua mente seja dono dela".**

Especialmente grave isto: e perigoso é dormir com a mente ocupada com pensamentos negativos, problemas e preocupações, pois são precisamente com essas imagens que a mente consciente trabalhará durante o sono.

Se for difícil liberar as preocupações de sua mente nesse momento tão especial, repita com convicção as seguintes palavras:

"Estou em paz comigo mesmo e com o mundo. Nenhum problema me preocupa já, pois enquanto meu corpo descansa estou conectado com a Inteligência e a Abundância que governa o Universo. Essa Inteligência e essa Abundância me ajudarão a conseguir todos os meus desejos e me guiarão em todo momento a fazer o correto, tanto para mim como para os demais".

Nas páginas seguintes encontrará algumas orações muito apropriadas para a noite.

Não deixe de utilizá-las. Seu poder e eficiência estão mais que comprovados.

Durante o dia, aproveite os momentos de ociosidade mental para visualizar essas imagens o tempo que for possível: no ônibus, na fila do banco, no supermercado na sala de espera do consultório médico.

Não fale a ninguém sobre seus projetos; somente com Deus, que é a Fonte de toda a Abundância e que em breve estará apresentando à sua mente consciente as soluções para os seus problemas, e o método mais adequado para realizar todos os seus desejos.

52 | Pedidos @o Universo

É extremamente importante não dizer a ninguém que está trabalhando mental e espiritualmente para conseguir prosperidade, abundância e riqueza.

Caso comente com alguém, romper-se-á a conexão com todos os planos superiores, e toda a energia acumulada se perderá.

É necessário segredo absoluto. Zohar disse:

"O mundo se mantém pelo segredo".

1. Expulse de sua consciência qualquer pensamento de inveja sobre outras pessoas que possuam tudo o que você deseja conseguir.

2. Todo pensamento negativo sobre o sucesso, a riqueza e o bem-estar de outros fará que o sucesso, a riqueza, o bem-estar e a abundância que você está pedindo desapareça de sua vida, pois estará condenando justamente aquilo que pede!

3. É muito importante eliminar todo tipo de pressão e estresse. Não estará forçando nada para que alguma coisa aconteça: simplesmente você vai liberar a abundância que desde sempre e sem você saber tem sido parte de

sua verdadeira natureza. Deixe que toda essa abundância flua para o mundo visível e desfrute-a.

4. Quando toda essa abundância começar a se manifestar na sua vida, não sinta orgulho pelo que tem conseguido, pois não conseguirá outra coisa senão fechar o canal por onde todo esse benefício está fluindo. Em lugar disso, desfrute de toda essa abundância e ajude os outros de maneira totalmente anônima. Assim, o fluxo não terá fim. Lembre-se que você, como ser humano, não fez e não faz nada.

É Deus quem está se manifestando, você é apenas um canal.

5. Tanto os pensamentos críticos, como o medo, interromperão o fluxo dos benefícios que irá receber; pelo contrário, o amor e a confiança os aumentarão consideravelmente.

No mundo espiritual a fé é uma força muito poderosa.

"O medo inutiliza os canais pelos quais recebemos a abundância. Todos os pensamentos

de pobreza e escassez deveriam estar erradi-
cados da mente humana.”

Edgar Cayce

6. Tenha em mente sempre que o Espírito *EU SOU,* o Deus que há em você, ou como quiser chamá-lo, é a única e inesgotável fonte de abundância e riqueza.

   E essa fonte não se encontra escondida em nenhum outro lugar senão no seu interior, dentro de você, junto a sua mente subconsciente.

   “A verdade está dentro de nós mesmos, não provém de outro lugar externo.

   Há um centro no interior de todos nós, no que a verdade reside em todo seu esplendor.”

   Robert Browing

7. Não é necessário especular e nem se perguntar como a Abundância que há no seu interior, que é Deus, como você já sabe, fará para conseguir tudo o que deseja.

   Fazê-lo é tão absurdo como tentar descobrir por que um grão de trigo, ao ser depositado num terreno fértil, germina, cresce e se forma numa planta que, por sua vez, dará centenas de grãos, capazes, cada um deles, de reiniciar o mesmo processo.

Se seguir este simples e conciso sistema e cumprir suas simples normas, o processo de desenvolverá de uma maneira tão misteriosa como a aparição de uma espiga sobre o talho do trigo, e, na maioria dos casos, muito antes do que imagina.

Não tente descobrir como e por quais meios irá receber tudo o que tem pedido ao Universo. Os canais pelos quais circulam as ações do espírito não estão sujeitos às leis do nosso mundo tridimensional. Ponha tudo nas mãos de Deus. Não utilize de maneira inóqua sua energia em especulações.

> *"O reino de Deus não virá espetacularmente. Nem se poderá dizer: está aqui, ou está lá. Porque o reino de Deus já está em cada um de nós."*

A princípio, é completamente normal que sua fé não seja muito sólida. Alguns dos seus desejos poderão parecer, à primeira vista, algo impossível; não obstante, escreva-os no seu lugar correto segundo a importância que tenham para você e construa com dedicação suas imagens, sejam estas mentais ou gráficas.

É natural que surjam dúvidas, a desconfianças e o ceticismo.

Quando se lhe apresentarem estes pensamentos, pegue sua lista ou seu álbum de fotos e volte a repassá-los.

Fale diretamente com a Fonte de Toda a Abundância sobre seus desejos, até que suas dúvidas desapareçam por completo.

Lembre-se: nada nem ninguém poderá evitar que consiga o que ardentemente esteja desejando.

> *"Qualquer coisa que a mente seja capaz de conceber e crer, poderá ser alcançada".*
>
> *Napoleão Hill*

8. Quando novos desejos que mereçam ser incluídos em sua lista, ou no seu álbum, chegarem até você, fique tranquilo, tudo vai andar perfeitamente.

9. A Abundância infinita que existe dentro de você não admite discussão. Está sempre esperando e desejando servi-lo quando você estiver preparado; mas sua mente inconsciente é tão influenciável que impossibilita qualquer progresso se estiver rodeado de pessoas negativas. Por isso deverá escolher muito cuidadosamente suas amizades, pessoas de sua relação que possuam alguma coisa que você deseje ter; mas não comente com ninguém seus métodos.

Você sabe, é um segredo.

10. Acrescente a sua lista de Pedidos ao Universo, ou acrescente ao seu álbum os objetos materiais que deseja conseguir.

Procure ser bastante claro nisso.

Por exemplo: Se desejar um automóvel novo, descreva exatamente a marca, modelo e a cor dele, e outros detalhes de como e quando você gostaria de recebê-lo.

Se for uma casa nova que você gostaria de receber, seja detalhista e pense bastante bem na distribuição dela, quartos, salas banheiros etc. etc.

Não esqueça de anotar onde você gostaria de ter essa casa.

Se precisar de dinheiro, diga a quantidade.

Se o seu pedido é para fechar algum contrato importante, escreva os detalhes.

Se tiver uma meta em vendas, escreva a quantidade ou número de unidades que deverá vender para alcançá-la. Relacione seus possíveis clientes e determine a quantidade que cada um deles deverá comprar. Talvez tudo isso pareça um pouco absurdo a princípio, mas nunca conseguirá que seus desejos se realizem se não tiver bem clara e positivamente detalhado tudo o que vai querer.

Se você não é capaz de decidir isso, seus desejos não são o suficientemente intensos. Deve levá-los muito a sério.

Se assim o fizer, os resultados o surpreenderão.

Quando começar a saborear os primeiros resultados, um antigo e natural inimigo aparecerá diante de você: a incredulidade.

Normalmente você passa a adotar a forma de pensamentos como:

"Não é possível!", *"Que coincidência"*

e muitos outros parecidos.

Quando tais pensamentos chegarem até sua mente consciente, dê graças a Deus e não duvide nem por um momento que o responsável pelo que conseguiu é a Fonte da Abundância Infinita do Universo.

Deus. Fazendo isso, obterá maior segurança e facilitará a sequência dos demais pedidos.

Além do mais, isso lhe dará provas de que existe uma lei que realmente funciona sempre, quando estamos sintonizados com ela.

Para dar sinceramente os agradecimentos é necessário estar agradecido, e não se pode estar agradecido se não se está feliz. Portanto, quando agradecer a Fonte da Abundância Infinita Universal pelos favores recebidos, faça-o de coração e deixe que esse sentimento de alegria se reflita no seu rosto.

Por ser um aspecto da Divindade, a Fonte da Abundância Universal está fora do alcance de nossa mente consciente.

Está além do nosso entendimento.

Não tente compreendê-la, mas aceite seus presentes com gratidão, felicidade e com fé.

ADVERTÊNCIA

Também é possível desejar e obter aquilo que nos trará a fatalidade e a desgraça, que destruirá nossa felicidade e a de outras pessoas próximas de nós, que causará enfermidades e inclusive a morte, que nos separa da vida eterna.

Se puser em prática este método, conseguirá qualquer coisa a que se propuser, porém, ao mesmo tempo, recolherá também todas suas consequências.

Por isso, ao plantar seus desejos, é importante que se concentre naqueles cujos efeitos resultarão, com toda segurança, benéficos para você e para as demais pessoas. Que cobrirão suas necessidades e trarão felicidade neste mundo; ou senão, ao menos que não compliquem as coisas no outro.

Este método serve para qualquer coisa que possa desejar.

Ao ser seu âmbito tão amplo, aconselho que sua primeira lista, ou seu primeiro álbum, seja formada com coisas bem conhecidas por você, como a quantidade de dinheiro de que necessita para utilizar no acontecimento que deseja que ocorra, ou no objeto material que deseja possuir.

Esse tipo de objetivo se costuma conseguir muito mais facilmente e com maior rapidez do que pedir a eliminação de maus hábitos; o mesmo ocorrendo com o bem-estar dos demais ou a cura de doenças físicas ou mentais.

Primeiramente, dedique seus esforços para os assuntos menores.

Depois disso, um passo a mais; e quando também o conseguir, poderá se concentrar em outros objetivos verdadeiramente mais importantes de sua vida; porém, antes de chegar a esse ponto, outros muitos desejos também importantes passarão a ocupar lugar na sua lista ou no seu álbum de Pedidos ao Universo.

Um deles será ajudar outras pessoas da mesma maneira como você foi ajudado. Grande será o prêmio que receberão aqueles que ajudam a outros sem esperar nada em troca. Toda ação altruísta e secreta será largamente recompensada.

Pode permanecer como está ou pode obter tudo quanto deseja. Você é quem decide. Queira Deus que neste pequeno livro encontre a inspiração para fazer sua escolha, que siga os passos indicados e que consiga, como muitos já o fizeram, tudo quanto necessita.

Leia este livro uma vez, depois outra e depois mais outra.

Por último, aprenda e guarde na memória algumas das orações do próximo capítulo.

A ORAÇÃO

"Tudo o que pedir em oração, o receberá".

(Mateus, 21,22)

A essa altura estará consciente de que as instruções dadas aqui, até agora, não só devem ter causado em você uma vontade de querer fazer de seus desejos uma realidade, mas também terá dado início a um processo transcendental que transformará para sempre o sentido de sua vida: construa uma relação muito especial e direta com Deus.

Estas são orações muito apropriadas para fortalecer este processo. Escolha uma delas e reze-a antes de dormir.

"Sou um veículo para a abundância, a sabedoria, o poder e as energias criadas por Deus.

Do mesmo modo que um galho de uma árvore é uma extensão da vida desta árvore.

Sou filho de Deus e herdei todos os direitos, os privilégios e as benções da abundância divina".

Concentro minha mente em Deus e sinto minha identidade com a sua invisível presença.

Sinto-me banhado pela sua abundância, que traz harmonia, inspiração e riqueza a minha vida; sou um com meu Pai.

Seu poder é meu poder.

Sua sabedoria, sua força, sua inteligência e sua compreensão são também minha sabedoria, minha força e minha compreensão.

A Infinita Inteligência me dirige em todo momento e a abundância do seu espírito cria em mim abundância, meu sucesso e meu bem-estar.

Abro minha mente e meu coração à abundância e às riquezas infinitas.

A prosperidade premiará todos os meus esforços.

Deus e o homem são um só.

Meu Pai e Eu somos um Só.

Estou na presença do meu Pai, que renova minha mente e me enche com sua abundância.

Ele me mantém nos seus braços.

Sua luz me ilumina.

Entrego-me ao sono em perfeita paz e com a segurança de que sua presença me fará crescer, me curará, me instruirá e me enriquecerá durante a noite.

O Salmo 23 também é muito apropriado para rezar à noite ao ir para cama, pois a calma e a paz que gera facilitam o trabalho da mente subconsciente em seu contato com a divindade:

"O Senhor é meu pastor".

Com Ele nada me faltará.

Ele me leva a descansar sobre verdes campos e me conduz a cristalinas águas.

Ele conforta minha alma, e me guia por caminhos retos.

Ainda que passe por um tenebroso vale, não tenho medo algum, pois Ele está comigo.

Sua vara e seu cajado me consolam.

Senhor; me acolhe em teus braços enquanto meu corpo descansa.

68 | Pedidos @o Universo

Guia, entretanto minha mente subconsciente para a Infinita Abundância, Inteligência e Amor e ajuda a materializar meus desejos e cobrir minhas necessidades neste plano físico.

Faze com que amanhã acorde renovado, entusiasmado.

Que enfrente com alegria e força minhas tarefas diárias.

Que tua Infinita Abundância se manifeste abertamente em todos os aspectos da minha vida."

AJUDA

Já conhece a poderosa ideia mantida neste livro. Que irá fazer com ela?

Surpreender-te-ia se dizer que o melhor que podes fazer e compartilha-la com outros.

Uma vez consciente da Infinita Abundância que existe em seu interior, a melhor maneira de demonstrar essa verdade à sua mente subconsciente é compartilhá-la com as demais pessoas.

O ato de dar não deixa de gerar resultados, sempre que se faça com alegria e amor.

A Lei do Universo Divino derrama sua abundância sobre os que assim dão bem diferente da calculada e pretensa "caridade" mecânica que simplesmente objetiva "calar" a consciência comprando ao mesmo tempo um número para o céu.

Se seu desejo é dar, pode consegui-lo de uma maneira fácil e prática, fazendo com que este pequeno livro chegue até aqueles que você sabe que precisam dele.

Sabe de alguém que vive muito preocupado e demasiadamente desesperado?

Esta é uma grande oportunidade de ajudá-lo.

Não perca a grande satisfação que se sente ao ajudar alguém necessitado.

Envie-lhe anonimamente um exemplar.

Ao fazer isso você estará colaborando com o plano Divino, e a lei que diz "dai e recebereis" transbordará sobre você a prosperidade, o sucesso e a abundância.

E, principalmente, desfrutará do íntimo sentimento de ter feito alguma coisa boa, pela qual nunca receberá suficientemente os agradecimentos que merece. O primeiro chegará a você de outra maneira.

FIM